AF791061

Nina Schmidt

Der Ruf des Bussards

Lebensgeheimisse für uns Menschen

Reichel Verlag

Das Buch

Ist es möglich, mit freilebenden Bussarden in Kontakt zu treten? Nina Schmidt ist es gelungen, und sie hat sich telepathisch mit den Greifvögeln in ihrer Heimatgegend verbunden. Diese geben Einblicke in ihr Leben, die übertragbar auf uns Menschen sind und uns in unserer persönlichen Entwicklung unterstützen können.

Die Autorin

Nina Schmidt ist psychologische Beraterin mit eigener Praxis und dem Schwerpunkt Hochsensibilität bei Mensch und Tier. Seit früher Kindheit verfügt sie über mediale Fähigkeiten. Ihre verstorbene Hündin Luna war der Auslöser, das Thema Tierkommunikation zu forcieren. Nina Schmidt lebt mit ihrem Mann und ihren Tieren in Ostfriesland.

© 2022 Nina Schmidt
© 2022 Reichel Verlag

93053 Regensburg
E-Mail: info@reichel-verlag.de
www.reichel-verlag.de

Textliche Überarbeitung:
Alexandra Matzinger-Thurmayr
Cover-Gestaltung: Christian Wolf

Alle Rechte der Verbreitung durch Funk, Fernsehen, fotomechanische Wiedergabe, Tonträger jeder Art und auszugsweiser Nachdruck sind vorbehalten.

ISBN 978-3-946959-97-7

Für all
die wunderbaren Tiere
auf dieser Erde.

Inhalt

Wenn es Todsünden gibt, so sind es unsere Sünden gegen die Natur.

Christoph Wilhelm Hufeland

Vorwort

Ich kann gar nicht genau sagen, wann mich die Bussarde in ihren Bann gezogen haben. An meiner früheren Pferdeweide tauchte immer mal wieder ein Bussard auf, saß auf einem Zaunpfahl und beobachtete mich und meine Ponys. Meine Verbindung zu Tieren war schon immer sehr intensiv. Nachdem ich mehrere Fortbildungen in Tierkommunikation besucht hatte, wurde diese immer stärker. Ich war nicht nur mit meinen eigenen Tieren in Kontakt, sondern auch immer öfter mit den wilden Tieren in meiner Umgebung. Besonders berührt hat mich der intensive Kontakt mit einem Reh. Mein Pferd Chef war verstorben, und ich saß auf der Weide und trauerte intensiv um ihn. Da kam ein Reh zu mir und ließ mich in meiner Trauer seine Nähe spüren.

Irgendwann tauchten in meinem näheren Umfeld und auf Ausflügen in die Natur mehr und mehr Bussarde auf. Sobald ich ihren Ruf hörte, hielt mich nichts mehr im

Haus und ich nutze jede freie Minute, um ihnen beim Fliegen zusehen zu können.

Seit meinem Umzug nach Ostfriesland lebe ich noch enger mit Bussarden zusammen. Ein Bussardpaar hat zwei Jungtiere in direkter Nähe zu meinem Haus aufgezogen, und ich konnte ihnen beim Heranwachsen, den ersten Jagdversuchen und beim Fressen zusehen. Nach einer ersten Kommunikation, die mich tief bewegt hat, entschloss ich mich dazu, weitere Gespräche mit ihnen zu führen.

Nach den ersten Dialogen fanden sich immer mehr Bussarde in dem Baum vor meinem Haus ein, die ich vorher noch nicht gesehen hatte. In der Kommunikation mit ihnen wurde mir bewusst, dass sie über ein immenses Wissen verfügen. Ich verspüre tiefe Dankbarkeit, dass ich diesen Schatz an Weisheiten weitergeben darf.

Versuche den Zauber, den die Natur in deiner Kindheit in dir erweckt hat, wieder wachzurufen. Spüre die Natur und die Verbindung mit ihr.

Kontakt zwischen Mensch und Tier

Ihr geht so oft achtlos an uns vorüber. Euer Blick geht an uns vorbei. Ihr habt keinen Moment, uns zu bestaunen. Meist nehmt ihr nur die großen oder in euren Augen besonderen Wildtiere wahr, aber auch die kleinsten von uns Wildlingen können eure Augen zum Leuchten bringen, wenn ihr es zulasst. Lernt das von den Kindern. Die können das noch.

Erinnert ihr euch daran, wie ihr als Kinder kleine Tiere auf die Hand genommen habt? In diesem Moment habt ihr *das Wunder des Lebens erkannt.* Die Einzigartigkeit jedes einzelnen Lebewesens. Es war wie Magie in diesem Moment. Es gab nur euch und eure innige Verbindung zu dem Tier. Bei manchen ist dieser Zauber, diese Verbindung geblieben. Bei anderen ist sie kaum mehr vorhanden und dadurch nicht nur der Bezug zu den Vögeln und anderen Tieren, sondern auch der zu euch selbst nicht mehr vorhanden.

Der Alltag hat euch dazu gebracht, diesen Zauber der Verbindung nicht mehr zu leben und die Verbindung zu euch selbst nicht mehr richtig zu spüren. Das passiert uns Tieren nicht. Wir sind darauf angewiesen, auf unsere innere Stimme zu hören. Der Zauber der Natur verringert sich für uns nur, wenn ihr Menschen sie zerstört.

Nehmt euch Zeit, atmet und versucht, den Zauber der Verbindung zu allen Tieren aus der Kindheit wieder wachzurufen. Die Natur zu spüren und die tiefe Verbindung zu euch und zu eurer eigenen Natur.

Fühle deine Stärke. Spüre, in welchem Teil deines Körpers sie sitzt, und verbinde dich mit ihr. Erkenne, wo du Kraft und Stärke für dich oder andere gezeigt hast. Verbinde dich jeden Tag damit und lass sie immer größer werden.

Balance und Lebenskraft

Balance im Leben zu finden ist für uns Vögel und andere Tiere nicht schwierig. Auch nicht, sie beizubehalten. Wir leben im und mit dem Rhythmus der Natur. Wir Vögel können nur im Hellen jagen. Im Dunklen geht es nicht, also ruhen wir. Es gibt auch Tiere, die jagen im Dunklen: Eulen, Katzen, Fledermäuse.

Wenn uns als Küken Futter gebracht wird, dann fressen wir. Sind mehrere Küken da, heißt das auch mal abzuwarten. Das ist der Lauf der Dinge. Auch, dass in manchen Jahren nur ein Küken überlebt oder keines. Aber aufgeben tun wir nicht. Wir können Altes gut loslassen, uns auf das Neue konzentrieren.

Es ist okay, wenn das Leben mal aus den Fugen gerät. Wichtig zu wissen ist, dass und wie man in die Balance zurückfinden kann, falls man sie einmal verloren hat. Wir Tiere nutzen dafür unsere Erfahrung. Bei euch Menschen ist das anders. Jeden Moment eines Ungleichgewichts speichert ihr ab. Widerholt es sich, trudelt ihr immer schneller in die Disharmonie hinein. Oft lernt ihr nicht aus den Erfahrungen, die euch geholfen haben, sondern zweifelt immer mehr und ihr verliert die Balance dadurch immer mehr.

Atmet in schwierigen Momenten, in denen das Gleichgewicht fehlt, tief durch. Selbstreflexion ist jetzt wesentlich, orientiert euch und schaut, was euch zurück ins Gleichgewicht bringt. Das, was euch straucheln lässt, das analysiert hinterher. Vertraut auf euch und nicht auf den anderen.

Die Lebenskraft ist wie eine zarte Flamme, die vom Moment unserer Entstehung an leuchtet. Sie wird angezündet, wenn unsere Seele auf die Erde kommt. Die Kraft wächst von Tag zu Tag oder sie wird wieder schwächer. Manchmal reicht die Lebenskraft nicht aus, weil man sie nicht nährt. Aber auch wenn sich andere zu sehr an die kleine Flamme klammern, raubt ihr das manchmal die Energie. Die kleine Flamme droht unter zu großem Druck zu erlöschen.

Die Lebenskraft zu erhalten ist ein andauernder Prozess, den man erleichtern kann, indem man der Flamme viel gute Energie gibt. Dann können euch auch widrige Umstände nicht so viel anhaben.

Die Botschaft eines Jungtieres:

„Ich habe mich vom ersten Tag an stark gefühlt. Es hat mir immer sehr geholfen, dass ich gezeigt habe, was ich möchte und was ich brauche. Ich konnte gar nicht abwarten, die Welt außerhalb des Nests zu erkunden. Das Warten hat mir viel zu lange gedauert. Auch vor anderen Tieren, die uns etwas antun wollten, hatte ich keine Angst. Ich habe mich innerlich stark gefühlt und meine Eltern haben mir gezeigt, dass stark sein wichtig für uns ist.

Ihr Menschen kommt mit ganz viel innerer Stärke auf diese Welt. Wir alle tragen sie in uns, sonst könnten wir gar nicht überleben. Wir Vögel und andere Tiere lassen uns unsere Stärke nicht nehmen.

Bei euch ist das anders. Es gibt Menschen, die sind stark. Egal was kommt oder was man ihnen sagt. Andere lassen sich ihre Stärke nach und nach von anderen rauben, bis sie sich ihrer nicht mehr bewusst sind. Niemand hat das Recht, euch eure Stärke, eure Willenskraft zu nehmen. Manche Menschen versuchen das, weil sie Angst vor eurer Stärke haben, sich unterlegen fühlen. Sie versuchen, sich dadurch selbst zu stärken.

Schließt die Augen, atmet tief ein und fühlt die Stärke in euch. Spürt, wo sie in eurem Körper sitzt, und verbindet euch mit ihr. Empfindet ihr etwas Stärke und Willenskraft, dann verbindet euch jeden Tag aufs Neue mit dieser Kraft und lasst sie wachsen."

Dieser junge Bussard hat seine innere Stärke und Durchsetzungskraft immer wieder bewiesen. Von den beiden Jungtieren hat er sich am häufigsten beim Füttern durch die Eltern behauptet.

Verleihe deiner Seele Flügel. Stelle sie dir in den schönsten Farben vor. Voller Wärme, mit Licht durchflutet. Spüre all die positiven Emotionen, die guten Momente, dann fliege und lasse los.

Vom Loslassen und den Grenzen

Loslassen fällt so schwer, weil euch das, von dem ihr euch lösen möchtet, etwas bedeutet. Ist Liebe im Spiel, fällt Loslassen besonders schwer, doch die Liebe geht nicht verloren. Die Zuneigung zu dem, was ihr loslasst, verschwindet nicht. Es kann zwar schwer sein, sie zu spüren, weil es schmerzt. Aber der Schmerz wird schwächer, sobald ihr die Liebe wieder zulasst und sie vermehrt spürt.

Spürt in das hinein, was ihr auflösen möchtet, und tut es in eurem Tempo. Loslassen ist für jeden anders. Seid ihr bereit loszulassen? Dann nehmt das an. Als eure Entscheidung, nicht als Muss.

Fühlt in das Auflösen hinein und in das, was es euch gelehrt hat. Spürt all die positiven Emotionen, die guten Momente. Dann lasst langsam los.

Langsam werdet ihr anfangen zu begreifen, dass euch niemand nehmen kann, was in eurem Herzen gespeichert ist.

Sucht euch eine Feder und stellt euch vor, dass sie den Schmerz, den ihr beim Loslassen empfindet, langsam und sanft beim Wegschweben mit sich nimmt.

Für euch Menschen sieht es sicher so aus, als wenn es für uns Vögel keine Grenzen gäbe. Doch auch wir haben Grenzen. Oft werden sie uns durch euch Menschen gesetzt. Zum Beispiel was das Futterangebot oder die Brutplätze betrifft.

Andere Vögel setzen uns ebenfalls Grenzen. Meist geht es dabei aber um unser Überleben.

Auch ihr Menschen werdet durch Grenzen behindert. Ihr oder andere Menschen setzen sie euch. Es sind Grenzen, die euch daran hindern, eure Freiheit zu leben. Grenzenlos zu sein und loszufliegen.

Grenzen sind wichtig, denkt ihr jetzt wahrscheinlich, liebe Menschen. Das stimmt, doch nur dort, wo sie euch oder andere schützen. Grenzen zu setzen darf nicht verletzen, passiert aber, wenn ihr euch selbst begrenzt und eure Seele nicht mehr frei fliegen kann.

Stellt euch vor, eure Seele hätte kleine Flügel. Sie könnte euch überall dorthin tragen, wo es euren Grenzen entspricht. Wie viel Raum hättet ihr um euch herum? Wie viel Luft, um euch wohlzufühlen? Wie möchtet ihr euren Freiraum schützen? Möchtet ihr ihn eingrenzen oder möglichst offen lassen? Welche Grenzen in eurem Sein müsstet ihr sprengen, um fliegen zu können? Was müsstet ihr loslassen? Wen zurücklassen?

Atmet und visualisiert eure Seele mit Flügeln. Stellt sie euch in den schönsten Farben vor. Voller Wärme, mit Licht durchflutet, dann macht euch auf die Reise.

Die Seele ist wie ein Licht, das nie erlischt. Es wird genährt von der tiefen Liebe, die in uns allen fließt. Sie kann mehr, als ihr Menschen euch vorstellen könnt. Suche dieses Licht.

Die Seele

Die Seele ist wie ein kleines Licht, das nie erlischt. Das Licht der Seele kann euch niemand nehmen. Es wird genährt von der tiefen Liebe, die in uns allen fließt. Die einzelne Seele kann mehr, als ihr Menschen euch vorstellen könnt.

Wir alle sind auf dieser Seelenebene miteinander verbunden. Eine Familie, die nichts trennen kann. Egal was geschieht. Es gibt keinen Unterschied, egal ob es sich um ein Tier, eine Pflanze oder einen Menschen handelt. Wir Tiere sind mit dem Licht der Seele und der Quelle immer verbunden. Eure Kinder und die Pflanzenwelt sind das auch.

Im Laufe des Lebens kann es immer schwerer werden, sich an das Licht der eigenen Seele und an das der Quelle zu erinnern. Dann kommen Krisen oder Krankheiten in euer Leben, so dass ihr gezwungen seid, euch auf die Suche nach eurem Licht zu machen.

Seht dies als Chance, nicht als Strafe, und nährt euer Licht mehr und mehr und habt keine Angst davor, ins ewige Licht zurückzukehren. Dort dürft ihr einfach nur sein und das Licht für die nächste Seelenreise aufladen.

Wähle ein Symbol, das für Intuition und Orientierung steht. Verlasse dich auf dieses Zeichen, wann immer du glaubst, deinen Weg verloren zu haben.

Orientierung

Wir orientieren uns an der Natur. Dem Licht, den Jahreszeiten, der Temperatur, den Bäumen, dem Feld der Erde. Auch an uns selbst und unseren Bedürfnissen. Wir sind darin geschult, es auszuhalten, wenn unsere Bedürfnisse nicht immer befriedigt werden. Haben wir Hunger, orientieren wir uns daran, wo in der Vergangenheit reichlich und gut Futter zu finden war. Wir folgen und verlassen uns auf unseren Instinkt und unsere Intuition.

Die Intuition ist ein guter Kompass zur Orientierung. Ihr Menschen orientiert euch oft an den Vorgaben der anderen. Tut ihr das, verliert ihr eure Orientierung, euren Weg. Wie wir Vögel uns an Symbolen in der Landschaft orientieren, solltet ihr euch auch ein Symbol zur Orientierung suchen. Es kann euch als Erinnerung dienen, euch zu fragen, ob ihr auf dem richtigen Weg seid.

Wählt ein Symbol und nehmt euch immer wieder Zeit und betrachtet es. Fragt euch, wofür es steht und wie es euch dabei helfen kann, dass ihr eurer Intuition und eurem Weg folgt, wenn ihr das Gefühl habt, die Orientierung verloren zu haben.

Nimm das Tempo aus deinem Leben heraus. Komme ins Gleiten, atme durch, beobachte und finde zu dir selbst.

Fliegen lernen

Irgendwann kommt der Tag, an dem es so weit ist, dass wir jungen Bussarde das Nest verlassen und losfliegen. Es sieht vielleicht plump und unsicher aus, aber wir wissen, was zu tun ist, und trauen uns. Denn wir bereiten uns gut auf diese Aufgabe vor. Wir sammeln Kraft, trainieren, so lange, bis es sich perfekt anfühlt. Schließlich fassen wir Mut und fliegen einfach los. Wir vergleichen uns nicht mit anderen, ob sie größer oder kräftiger sind. Wir trainieren in unserem eigenen Tempo, und wenn wir uns ausruhen möchten, machen wir das.

Wir lernen schon früh zu priorisieren, das zu tun, was gerade wichtig ist, und uns unsere Kraft einzuteilen. Manchmal brauchen wir auch einen kleinen Stupser, um das Nest zu verlassen. Aber das ist auch gut so, gerade für die Unsicheren. Fliegen ist nicht vom ersten Moment an schön. Da ist auch Unsicherheit, weil wir unseren Körper auf diese Art noch nie gebraucht haben. Den ersten Sprung zu wagen ist eines der größten Abenteuer. Eines, das sich wirklich lohnt anzugehen, denn alles, was anschließend kommt, bringt Freude und Sicherheit in der

Kunst zu überleben. Es geht im Leben immer um beides: Überleben und die Freude am Leben nicht zu verlieren.

Natürlich fliegen wir in erster Linie, um Futter zu jagen. Aber das Fliegen an sich ist wundervoll. Es sättigt beides: den Körper und die Seele. Dieses langsame Gleiten, das Ausschauhalten, den Augenblick genießen. Fliegen bedeutet grenzenlose Freiheit. Es ist verbunden mit Energie und Kraft.

Wir Tiere würden unsere Kraft niemals vergeuden. Wir teilen sie uns so ein, wie wir sie brauchen. Nur wenn es das Überleben erfordert, gehen wir über unsere Kräfte hinaus. Da seid ihr Menschen anders. Ihr geht oft aufgrund der Erwartungen anderer über eure Kräfte hinaus. Ihr tut Dinge, die ihr nicht machen wollt für Geld, Anerkennung, Macht und so weiter. In diesem Moment fliegt ihr nicht mehr. Ihr habt den Blick für euer Flugziel aus den Augen verloren und jagt nach Dingen, die euch nicht entsprechen. Ihr verbraucht damit so viel Energie.

Nur indem ihr zwischendurch immer wieder das Tempo rausnehmt, ins Gleiten kommt, die Dinge abseits am Wegrand betrachtet, durchatmet, euch spürt, könnt ihr wieder zu euch finden.

Stärke das Vertrauen in dich und verglei-
che dich nicht. Blicke zurück, wo und
wann du auf dich vertraut hast, und höre
auf deine innere Stimme.

Selbstvertrauen

Wenn wir kein Vertrauen in uns und unsere Fähigkeiten hätten, wären wir schon längst ausgestorben. Denn wir hätten etwas Essenzielles nie gelernt: zu fliegen. Wir vertrauen uns und unseren Fähigkeiten. Unser Instinkt sagt uns, wann es Zeit ist, loszufliegen, und dann tun wir das auch. Wir vertrauen also unserem Instinkt und unseren Eltern, wenn sie uns sagen: „Es ist so weit." Anfängliche Misserfolge schmälern das Vertrauen in uns selbst nicht. Wir haben unser Ziel vor Augen. Unser Ziel ist es, es uns gutgehen zu lassen. Dass wir und unsere Jungen genug Futter finden. Einen sicheren Ort zum Ruhen zu finden, einen Ort, an dem wir uns wohlfühlen.

Wir zweifeln nicht daran, ob uns das zusteht und ob wir es erreichen können. Rückschläge sind ein Ansporn, es erneut zu versuchen. Jeder Misserfolg beim Jagen spornt uns an, unsere Jagdtechnik zu verbessern.

Holt diese Qualität in euer Leben, stärkt das Vertrauen in euch. Vergleicht euch nicht mit anderen. Vertraut auf euch und auf euer Gefühl. Hinterfragt, was ihr in der letzten Zeit getan habt, wo und wann ihr auf euch vertraut habt. Hört auf eure innere Stimme und nicht auf die von außen.

Die Mutter der beiden Bussardküken betrachtet vom Baum aus ihre beiden Jungtiere am Boden.

Hier die Botschaft der Bussardmutter:

„Nehmt meine Ruhe in euch auf, während ihr mich betrachtet. Diese Ruhe ist wichtig für mich, aber auch für meine Kinder. Die Ruhe, die ich ihnen vermittle, ist wichtig in dieser hektischen Welt. Ich habe gelernt, dass ich durch Ruhe mehr erreiche. Lasse ich mich von der Hektik anstecken, bringt mich das nicht voran. Es trägt mich eher zurück. Auch wenn um mich herum eine große Unruhe herrscht, versuche ich möglichst ruhig und besonnen zu handeln, mich nicht aus der Ruhe bringen zu lassen. Dieses Sitzen und Warten ist keine Qual. Vielleicht unangenehm, wenn der Hunger gerade groß ist, aber es tut auch gut. Sitzen, beobachten, sein. Das fehlt euch Menschen so oft. Ihr seid meist schon bei den nächsten Schritten. Seid einfach im Jetzt.“

Gehe an einen Ort, an dem du nicht verletzt werden kannst, und spüre seinen Frieden. Das Gute kann alte Verletzungen heilen, wenn du es zulässt.

Verletzungen

Verletzungen gehören zum Leben dazu. Ohne Verletzung kann es keine Heilung geben, und diese zu erfahren ist sehr wichtig.

Heilung kann auch bedeuten, dass ein Leben zu Ende geht und man anderen bei ihrem Abschied vom Leben zuschauen muss. Auch in dieser Phase ist Heilung und Lernen möglich. Heilung kann stattfinden, indem man sieht, wie andere damit umgehen, ihre Probleme zu lösen. Jede Verletzung heilt unterschiedlich schnell. Manchmal bleiben Narben. Manche Verletzungen schränken ein. Es bleibt jedem selbst überlassen, wie er damit umgeht.

Akzeptanz ist ebenfalls ein Weg der Heilung. Ablehnung und Verweigerung lässt stagnieren. Um heilen zu können, braucht es den Willen, Heilung zulassen zu können. Das fällt vielen Menschen schwer.

Selbst wenn keine Narbe bleibt, schaffen die Menschen selbst eine, weil sie an der Verletzung innerlich festhalten, sie nicht loslassen wollen.

Diese Narbe nutzen sie, um immer wieder sagen zu können, warum sie verletzt sind. Würden sie loslassen, könnten sie beim nächsten Mal anders handeln. Verletzungen vorbeugen.

Wir Tiere setzen uns nur einmal an einen Ort, der uns nicht guttut. Spüren wir das, fliegen wir fort und suchen einen besseren, harmonischeren Ort. Warum sollten wir uns zweimal verletzen lassen? Das ergibt doch keinen Sinn.

Ihr Menschen hingegen lasst euch wieder und wieder verletzen und schafft dadurch Narben. Geht dahin, wo keine Narben entstehen, wo ihr nicht verletzt werdet. Spürt die Freude, die Akzeptanz der neuen Umwelt. Gutes kann Altes heilen und dann braucht es auch kein Festhalten an alten Themen mehr. Sich verletzt zu zeigen bedeutet sehr viel Stärke, aber Heilung ist möglich, wenn ihr es zulasst.

Tod und die Trauer sind ein Teil der Natur. Richte deinen Blick in schweren Momenten auf die Schönheit der Welt und sauge sie in dich auf.

Tod und Trauer

Das Thema ist für uns Wildtiere hier draußen immer gegenwärtig.

Es lauern ständig Gefahren. Durch die Natur, durch Tiere und durch Menschen. Ich weiß, ihr Menschen meint es nicht böse. Ihr tut Vieles, um euer Leben zu erleichtern, um euer Überleben vermeintlich zu sichern. Das Thema Tod wäre nicht so bedeutend für uns, wenn ihr euch in uns hineinversetzen würdet. Viele von euch sind nur auf sich ausgerichtet. Dabei tötet ihr einen Teil von euch selbst: Die Empathie und die Kreativität.

Der Tod ist ein Teil des Kreislaufs des Lebens. Er hält uns nicht davon ab, Dinge zu tun, die wir tun müssen oder wollen. Keiner von uns würde fliegen, wenn er dauernd Angst vor dem Tod hätte. Auch in der Luft lauern Gefahren. Viele von uns sterben früher, als sie müssten. Durch Unfälle oder durch falsche Nahrung. Wir akzeptieren das. Hadern oder kämpfen nützt nichts. Für euch Menschen wäre es auch leichter, das zu akzeptieren. Betrachtet ihr den Tod als Feind, wird er mächtiger, als er ist. Auch ist er keine Strafe, sondern oft eine Erlösung.

Bedenkt das und nehmt es in eure Herzen, in eure Welt mit auf.

Es ist ein Irrtum, dass so viele Menschen denken, wir Tiere würden keine Trauer empfinden. Allen Tiereltern tut es weh, wenn sie einander oder eines ihrer Kinder verlieren. Wir haben nur keine Zeit zu trauern, wie ihr Menschen das tut. Unsere Trauer ist kurz, aber umso intensiver, das heißt aber nicht, dass sie schnell verfliegt. Wir müssen nur schneller nach vorne schauen und weiterleben. Unser Überleben und das unserer Art hängt davon ab. Wir wissen, dass es dazugehört, auch mal ein Kind zu verlieren. Das ist in der Natur so. Wenn wir dann wieder fliegen, um Futter zu suchen, erblicken und erkennen wir die Schönheit der Welt. Die Sonne, die Wolken, das Wasser, die Bäume, die Wiesen mit ihren Blumen und Gräsern.

Wir sind in den Momenten der Trauer dazu gezwungen, das Schöne um uns wahrzunehmen, und das hilft uns sehr.

Orientiere dich an Menschen, die dich unterstützen und von denen du lernen kannst. Dann suche dir einen Platz, an dem du dich geborgen fühlst, und finde das Vertrauen in das Universum, das dir immer zur Seite steht.

Stürmische Zeiten

Stürmische Zeiten, in denen es nicht so gut läuft, gehören mit zum Leben. Wenn es stürmt, regnet oder tiefer Schnee liegt und wir kein oder nur wenig Futter finden, dann lässt uns das nicht am Leben verzweifeln. Wir sitzen das meist aus. Wir tun, was zu tun ist. Aber wir vergeuden keine Energie damit, uns über die Situation zu grämen. Mit tiefer innerer Ruhe können wir abwarten, weil wir wissen, dass jeder Sturm einmal vorbei ist und jede Regenphase endet. Wir glauben nicht nur an eine Verbesserung, wir wissen, dass sie kommt. Wir lassen uns nicht aus der Ruhe oder aus unserer Mitte bringen. Egal, wie sehr es um uns herum stürmt und tobt. Wir bleiben bei uns.

Es gibt Menschen, die sind in dieser Hinsicht wie wir. Egal, wie schwer eine Situation ist, sie bleiben in ihrer Mitte und vertrauen darauf, dass die Sonne wieder scheint. Ihr Vertrauen in das Universum ist so groß, dass es durch nichts erschüttert werden kann. Viele von euch werden das noch lernen: In das Universum zu vertrauen und in eurer Mitte zu bleiben.

Sucht euch Menschen, von denen ihr lernen könnt. Menschen, die euch begleiten und unterstützen, wenn in eurem Leben ein Sturm tobt. Sucht ein ruhiges Plätzchen, an dem ihr euch wohl und geborgen fühlt. Ein Plätzchen, an das ihr euch immer wieder zurückziehen könnt, um das Vertrauen in das Universum zu finden und zu bewahren. Sucht euch ein Symbol, das ihr an diesem Platz verwahrt, das euch begleitet, euch unterstützt.

Blickt auf eines meiner Bilder, wenn es euch nicht gutgeht, wenn ihr das Gefühl habt, dass alles auseinanderweht und ihr dem Sturm nicht standhalten könnt.

Ich sitze ruhig auf meinem Platz, trotze den Elementen und bleibe gelassen. Meine Federn halten mich trocken und warm. Wer oder was wärmt euch? Wie könnt ihr euch selbst wärmen?

Beenden einer Mahlzeit, das Benutzen von Dingen, die ihr nur einmal gebraucht.

Werdet euch dieser Abschiede bewusst und spürt, wie sich Neues auftut. Nach der dunklen Nacht folgt ein heller Tag mit neuen Situationen, mit Begegnungen von anderen Menschen oder Tieren. Oft sind es auch schöne und stärkende Gefühle, die ihr, wenn die Nacht vergangen ist, verspürt.

Lass den Sturm um dich herumtoben und lass dich nicht in seine negative Energie hereinziehen. Bleibe in deiner Mitte.

Konflikte

Habt ihr Menschen schon mal beobachtet, wie die Krähen uns angreifen? Sie fliegen auf uns zu und attackieren uns.

Wir älteren Bussarde gehen nicht darauf ein. Den Jüngeren fällt das noch schwer. Sie lassen sich von der Krähenenergie mitreißen, bekommen Angst und meinen, sich wehren zu müssen.

Wir Älteren bleiben in unserer Mitte, wir lassen uns nicht beeinflussen. Ich möchte euch einladen, das ebenfalls zu versuchen.

Bleibt geerdet. Versucht die Mitte eures Körpers zu spüren und atmet. Lasst den Sturm um euch herum toben, aber bleibt in eurer Energie so wie wir. Ruhig ziehen wir unsere Bahnen weiter. So gelingt es, sich nicht ins Negative hineinziehen zu lassen. Solche harten Schwingungen tun keinem gut.

Sprecht und drückt aus, was ihr zu sagen habt, aber gleichmütig mit eurer Energie. Bleibt unberührt vom

Negativen. Anschließend kommt zur Ruhe und findet mehr und mehr in eure Mitte zurück.

Vertraue auf deine Sinne. Erlebe jeden einzelnen und mache dir bewusst, wie sie zusammenhängen. Dann schule sie, um deinen Alltag positiver zu gestalten und neue Kraftquellen zu finden.

Sensibilität

Alle Tiere sind alle unterschiedlich, äußerlich und innerlich. Ich bin für meine Art eher zurückhaltend und hatte Probleme, mich gegen die anderen im Nest durchzusetzen. Beim Futter habe ich oft als Letzte etwas abbekommen. Ich war auch die Letzte, die den ersten Flug gewagt hat. Geschadet hat es mir nicht. Ich habe viel von den anderen lernen können. Welches Futter gut verträglich ist und welches nicht. Wie man den ersten Flug erfolgreich gestaltet oder wie man es nicht machen sollte. Ich bin vielleicht langsamer, aber dadurch habe ich sehr viel gelernt. Ich hatte mehr Zeit, meine Sinne zu schulen und zu lernen, auf sie zu vertrauen.

Das Leben mit all unseren Sinnen wahrzunehmen ist sehr schwierig. Ihr verlasst euch viel zu selten auf ein solches Leben oder habt den Zugang zu ihm verloren. Es kann so schön sein, seine Sinne zu trainieren und zu nutzen. Zu hören, zu riechen, zu fühlen. Eure Kinder tun das leider auch nicht mehr so oft. Von Generation zu Generation verlernen sie es. Nur einzelne Sinne werden eingesetzt.

Geht hinaus in die Natur, nutzt all eure Sinne und lernt, auf sie zu vertrauen. Sucht euch einen Platz, an dem ihr euch wohlfühlt, spürt in euch hinein und öffnet all eure Sinne. Welcher Sinn ist als Erstes da? Das Sehen, das Riechen, das Fühlen, das Hören? Und welcher ist am wichtigsten für euch? Wie spielen sie zusammen? Schult eure Sinne, um euren Alltag positiver zu gestalten und Kraftquellen zu finden. An die Sensiblen unter euch: Lasst zu, dass ihr durch die anderen lernt, aber helft ihnen, ebenfalls von euch zu lernen.

Wenn du lernst, auf dein Gefühl zu hören, dann bekommst du auch ein Gefühl für deine Ängste. Frage die Angst, was sie dir sagen will. Dein Alltag ist nur so gefährlich, wie du es zulässt. Sei mutig, hole dir Unterstützung und glaube an die Kraft in dir.

Angst

Beim Thema Angst sind wir uns gar nicht so unähnlich. Auch wir Tiere haben Angst. Bei uns ist sie noch urtypischer. Wir fürchten uns vor Dingen, die für uns gefährlich sind. Da spüren wir, dass wir ihnen nicht trauen können. Diese Angst tritt unmittelbar auf. Eine kurze und präzise Warnung. Manchmal warnt uns auch unsere Intuition.

Ist die angstbesetzte Situation gemeistert, kehren wir wieder ins Hier und Jetzt zurück. Natürlich speichern wir ab, welche Situation gefährlich war, und vermitteln das auch weiter. Aber viele Ängste, die ihr Menschen habt, kennen wir nicht. Hätten wir sie, würden wir sicher nicht überleben. Unsere Angst hat mit etwas Existenziellem zu tun: unserem Überleben.

Viele eurer Ängste begleiten euch ständig und erschweren damit euer Leben.

Insbesondere das Vergleichen mit anderen löst Angst aus, ebenfalls ein unpassendes Umfeld. Lebt ihr im Einklang mit euch, erfahrt ihr weniger Ängste. Hilfe in solchen Situationen können Menschen geben, die zu euch passen oder Freunde sind. Sie können Ängste lindern. Pausen im Alltag tun gut. Ihr seid oft gestresst, so abgehetzt, dass ihr der Angst und anderen unguten Gefühlen die Tür öffnet und so den Zugang zur Intuition verschließt.

Wenn ihr lernt, im Alltag mehr auf euer Gefühl und eure Erfahrung zu hören, dann bekommt ihr ein Gespür für Angst und bemerkt sie beim leisesten Anklopfen. Geht in euch und fragt sie, was sie euch sagen will.

Bleibt im Hier und Jetzt und lasst die Vorstellung los, dass die Furcht überhandnehmen kann. Euer Alltag ist nur so gefährlich, wie ihr es zulasst. Baut auf mutmachende Momente und löst euch immer wieder aus dem Angststrom eurer Mitmenschen. So wird ihre Angst nicht zu eurer. Und denkt daran: Jeder scheitert mal im Leben an einer Aufgabe. Fürchtet euch nicht, einer solchen Herausforderung ein zweites Mal zu begegnen. Denn jetzt kennt ihr den Grund für euer Scheitern.

Seid mutig, holt euch Unterstützung, glaubt an euch und den Mut und die Kraft in euch.

Krankheiten lassen dich wachsen. Beobachte, wann du dich heil und unversehrt fühlst. Wo befindest du dich gerade, wer ist bei dir? Wo möchtest du ausbrechen, was abbrechen? Und wie sehr willst du das Wachstum zulassen. Sei offen für alles.

Krankheiten

Krankheiten bringen nicht nur wertvolle Erfahrungen mit sich, aus ihnen resultieren auch Ruhephasen, die ihr euch sonst nicht gönnt. Manchmal möchte euch eine Krankheit zeigen, dass es Zeit ist, loszulassen, von Dingen, Orten, Menschen und Gewohnheiten, die nicht zu euch passen. Manchmal auch vom Leben. Eine Krankheit kann auch ein Fingerwink sein, dass ihr in manchen Lebensbereichen zu offen und ungenügend geschützt seid. Im Prinzip wären so manche Krankheiten durchaus vermeidbar.

Es gibt aber Krankheitsmuster, die man von Geburt an in sich trägt und die irgendwann im Leben zum Ausbruch kommen. Ausbrechen klingt brutal, aber die Frage ist: Woraus wollt ihr eigentlich ausbrechen? Was ist in euch, das nicht mehr zu euch gehört, das wegbrechen dürfte? Was schränkt euch ein? Wenn ihr euch das fragt, seid ihr schon ein großes Stück auf dem Weg der Heilung.

Krankheiten bedeuten Schmerz und Kummer. Es sind Lektionen, die eure Seele hier auf der Erde lernen darf.

Sie bedeuten gleichfalls aber auch inneres Wachstum, das ihr euch im Leben ohne Krankheit verwehrt hättet. Dieses Wachstum findet nun statt, nur nicht so, wie ihr es euch gewünscht hättet.

Wir alle, Mensch oder Tier, sind auf der Erde, um zu lernen, um Erfahrungen zu sammeln und zu wachsen. Also wachst über euch hinaus und lebt ein Leben, das euch wachsen lässt. Plant Zeiten der Ruhe ein, damit alle Zellen gedeihen können.

Wir Tiere nehmen Krankheiten einfach an. Wir hadern nicht damit. Fragen nicht nach dem Warum. Es ist, wie es ist. Manche Krankheiten fügen uns die Menschen zu. Auch das nehmen wir an. Wir halten Ausschau nach einem Platz, an dem wir heilen können. Diesen Platz können wir in uns selbst finden. Aber auch im Außen. Jeder Ort und jede Art der Heilung ist individuell. Aber Heilung ist immer möglich. Für die Seele kann Heilung bedeuten, dass sie ihre Erfahrungen gemacht hat und ins Universum zurückkehren darf.

Beobachtet euch! Wann fühlt ihr euch heil und unversehrt an? Wo befindet ihr euch gerade? Was tut ihr? Wer ist bei euch? Wo möchtet ihr Wachstum zulassen und wer darf euch dabei unterstützen? Wo möchtet ihr ausbrechen? Was abbrechen? Wenn ihr diese Fragen beantwortet habt, seid ihr auf dem Weg eurer persönlichen Heilung ein ganzes Stück vorangekommen. Seid offen für alles.

Wo Energie nicht fließen kann, entstehen Blockaden. Nimm dir immer wieder Zeit in der Natur. Beobachte sie und frage dich, was du von ihr lernen kannst. Nimm ihre heilende Energie in dir auf und komme in dein Gleichgewicht zurück.

Energie

Die Energie unserer Erde ist wundervoll. Auf der einen Seite ist da viel Stärke und Kraft, negativ wie positiv. Auf der anderen Seite ist da auch ganz viel Sanftheit. Es ist gut, alle Energien zu kennen und zu leben. Kraft und Stärke aber auch Sanftheit und sich einfach von den Energien tragen lassen. Wir Bussarde nutzen die Himmelsenergie, um uns gleiten zu lassen, und sparen so viel Energie.

Jede Jahreszeit hat ihre eigene Energie. Die Jahreszeiten sind ein Beispiel wandelnder Energie, und wir Tiere nutzen sie. In der Sommerzeit, in der die Sonnenenergie im Überfluss vorhanden ist, sind wir aktiver und ziehen unsere Jungen groß. Der Winter gibt uns Zeit, uns auszuruhen. Er kann hart und anstrengend sein. Wir sammeln vorher Kraft und wissen instinktiv, wie wir unsere Lebensenergie einsetzen.

Heutzutage hat sich die Energie auf der Erde verändert. Zeit ist knapp geworden, es gibt zu viel Hektik und Druck. Auch im täglichen Leben, im Miteinander behindert ihr die Erdenergie, so dass sie nicht mehr frei fließen kann. Es gibt so viel Technik, so viel künstliche Energie und schädliche Strahlung.

Um mehr guttuende und natürliche Energie aufzunehmen, geht vermehrt hinaus in die Natur. Setzt euch an einen Baum oder einen Fluss und spürt die pure urtypische Erdenergie. Lasst sie durch euch fließen und euch von ihr reinigen. Seid ihr manchmal innerlich blockiert und wisst nicht weiter, beobachtet ein wildes Tier und fragt euch, was ihr von ihm und seiner Energie lernen könnt. Allein diese Frage und das Beobachten bringt euch in eure eigene Mitte zurück. Wo Energie nicht fließen kann, entstehen Blockaden. Und diese könnt ihr mit der Energie der Natur heilen. Habt viel Freude dabei.

Wer Bestätigung im Außen sucht, braucht diese auch tief in seinem Inneren. Lerne dich zu lieben, weil du bist, wie du bist. Liebe auch das Unperfekte, weil es ein Wegweiser dafür ist, was du noch für dich tun kannst. Tu das auch für deine Kinder.

Liebe

Auch wir wildlebenden Tiere verspüren Liebe. Wir sind euch Menschen da gar nicht so unähnlich. Unser Partner und unsere Kinder bedeuten uns sehr viel. Selbst wenn wir Vögel nicht immer mit ihnen zusammenbleiben, lieben wir uns. Es sind vielleicht nicht so tiefe Gefühle wie bei euch Menschen. Aber wir empfinden Zuneigung und mögen es, von dem anderen liebevoll umsorgt zu werden. Wir wissen, dass es einen Kanal der Liebe gibt, zu dem jeder Zugang hat und der nie versiegt.

Die Liebe des Universums ist für euch und jedes Lebewesen immer da. Ihr müsst euch nur darauf einlassen, euch mit ihr verbinden. Ihr sucht Liebe oft im Außen, macht sie von der Bestätigung anderer abhängig und macht euch dadurch abhängig. Der Kanal der universellen Liebe versiegt nie. Wenn ihr euch Ruhe und Zeit nehmt, könnt ihr euch mit diesem Kanal verbinden und die Liebe zu euch selbst wachsen lassen.

Die Suche nach Bestätigung im Außen ist nur ein Bild dafür, dass ihr oft innere Bestätigung sucht, warum ihr liebenswert seid. Vielleicht wurde euch das als Kind so beigebracht. Aber ihr seid keine Kinder mehr. Ihr dürft euch lieben, weil ihr seid, wie ihr seid. Selbst das, was ihr nicht an euch mögt, ist ein Teil der Liebe und dient als Wegweiser zur Verbesserung.

Vielleicht braucht ihr mehr Schlaf, anderes Essen, andere Kleidung. Das gehört zur Selbstliebe dazu: Alles dafür zu tun, damit man sich selbst lieben kann. Das Gleiche gilt für eure Kinder: Liebt sie, auch wenn sie nicht perfekt erscheinen mögen. Denn genau diese Unvollkommenheit macht eure Kinder einzigartig und umso liebenswerter. Vergesst nicht, ihnen das zu sagen.

Wir werten nicht. Wir schauen zu und erfreuen uns am Sein der anderen. Einfach sein. Ganz in Ruhe und in Frieden. Das kann so erhebend sein und macht frei.

Lasse den alten Ballast los. Was kannst du zurücklassen? Wie viel Freiheit und Raum brauchst du, um dich leicht und frei zu fühlen? Spüre, wie leicht du dich fühlst und was dich beschwert und am Boden hält.

Leichtigkeit

Die Leichtigkeit führt dazu, dass man sein Leben nicht ertragen muss, sondern sanft dahingleitet. Diese Leichtigkeit ist es, was wir am Fliegen so lieben. Dieses sanfte Schweben. Einfach getragen werden. Da ist nichts, was unseren Körper und unser Sein beschwert. Das Einatmen der frischen Luft, die Freiheit beim Fliegen. All das ist Leichtigkeit.

Sich Luft zu schaffen kann euch Menschen dazu verhelfen, Leichtigkeit im Leben zu spüren.

Wir Vögel können nichts mitnehmen, was uns mit der Erde verbindet. Unser Nest, unsere Küken, all das lassen wir zurück, wenn wir fliegen. Bei der Nahrungssuche nehmen wir nur mit, was wir brauchen. Niemals ist unnötiger Ballast dabei.

Ihr Menschen dürft euch Luft schaffen, damit ihr Platz habt, frei zu atmen. Euren Raum zu spüren, euch frei zu fühlen. Alten Ballast loslassen schafft Leichtigkeit. Was könnt ihr zurücklassen, um diese Leichtigkeit zu spüren? Leichtigkeit bedeutet, auf etwas zu verzichten, um zu überleben. So, wie wir keine zu schweren Beutetiere wählen, weil wir sie nicht tragen können.

Überlegt, wie viel Freiheit und Raum ihr braucht, um euch leicht und frei zu fühlen. Ist euer Besitz eine Last? Wie sieht es mit euren Begleitern aus? Machen sie es euch leicht, entspannt dahinzugleiten, oder erschweren sie dies?

Begebt euch in Gedanken mit uns auf den Flug. Spürt ihr Leichtigkeit oder seid ihr beschwert mit etwas, das euch zu Boden drückt? Lasst los! Fühlt nun die Freiheit und ein leichtes beschwingendes Gefühl im Herzen.

Erkenne deine eigene Natur und gib
deinem Körper, was du brauchst.
Finde deine Balance.
Gib dir mehr, als du nimmst.

Natur

Die Verbundenheit von Tieren mit der Natur ist unerschütterlich. Wir wissen, dass wir alle einander zum Überleben brauchen. Dass wir nur miteinander und nicht im Gegeneinander überleben können. Wir sehen und empfinden jeden Tag die Schönheit der Natur. Sehen die Einzigartigkeit in allem und jedem. In jedem Tier und jeder Pflanze. Wir nehmen uns nur das, was wir zum Überleben brauchen, nie mehr. Warum auch? Wir zerstören doch nicht das, was uns das Überleben sichert.

Viele von euch Menschen lieben und schätzen die Natur und setzen sich für Mutter Erde ein. Diese Menschen braucht die Natur. Die brauchen wir Vögel und andere Tiere. Wir brauchen Sprachrohre, die sich für uns einsetzen. Wir brauchen aber auch Menschen, die andere Menschen wieder zurück zur Natur und zum natürlichen Leben führen.

Viele Menschen haben den Zugang zu ihrer eigenen Natur verloren. Ähnlich wie mit Mutter Erde betreiben sie Raubbau an sich. Nutzen ihre eigenen Reserven schonungslos aus, finden kein Gleichgewicht zwischen

Geben und Nehmen. Rivalisieren untereinander. Dabei geht es darum, sorgsam die richtigen Grundlagen für ein gesundes und glückliches Leben zu schaffen, und zwar für alle Lebewesen. Die Balance zu finden. Die eigene Natur zu erkennen und diese mit allem zu versorgen, was sie braucht. So, wie die Tiere und Pflanzen eure Freunde sind, so ist das auch euer Körper. Lernt hinzusehen, und nehmt nur das, was ihr braucht. Helft anderen Menschen, dies zu erkennen. Für euch selbst und die Natur!

Danksagung

Ich möchte mich bei all den wunderbaren Bussarden bedanken, mit denen ich in Kontakt treten durfte und darf. Eure Botschaften berühren mich sehr.

Ein weiterer Dank gilt all meinen tierischen Begleitern, die mein Leben bunter gemacht haben und mich gelehrt haben, was bedingungslose Liebe ist. Chef, Luna und Joschi im Regenbogenland sowie Bonnie, Niels, Bella und Johnny hier bei mir auf der Erde.

Von ganzem Herzen möchte ich mich auch bei meinem Mann Holger bedanken. Er hat mich immer auf meinem Weg begleitet und unterstützt. Jeden Tag gibt er sein Bestes, um unseren Tieren ein schönes Zuhause zu bereiten.

Auch meiner Lehrerin Stephanie Ostendorf und ihrem Pferd Tasso gilt mein Dank. Ihr wart nie zu müde, mich auf meinem Weg zu unterstützen.

Dank an meine Freundinnen, die mich ermuntert haben, die Gespräche mit den Bussarden aufzuschreiben.

Zuletzt möchte ich mich bei Mutter Erde bedanken, dass sie uns ein Zuhause gibt, und meinen Dank an all die Tiere und Pflanzen richten, die sie zu einem wundervollen und einzigartigen Lebensraum für uns Menschen machen.

Die Autorin

Nina Schmidt ist als hochsensitives Kind und Traumempathin geboren worden. Schon im Alter von 9 Jahren hat sie in einem hellsichtigen Traum gesehen, dass ihr Opa sterben wird. Solche und andere Erlebnisse, wie Nachtodkontakte, hellsichtige Träume, aber auch ihr starkes Einfühlungsvermögen und telepathischer Kontakt mit Tieren und Kleinkindern begleiten sie seitdem. Da sie lange nicht wusste, warum ihre Wahrnehmung so anders ist, unterstützt sie heute andere hochsensitive Menschen und Tiere. Sie lebt mit ihrem Mann und ihren Tieren in Ostfriesland. Hier hat sie Raum und Platz für ein Leben in der Natur. Und die einzigartige Natur und die Weite führen sie immer wieder zu Kontakten mit Greifvögeln.

Kontakt

Wenn Sie Frau Schmidt kontaktieren möchten, dann schreiben Sie ihr gerne per Mail an: info@nina-schmidt.de. Weitere Informationen finden Sie auch auf ihrer Homepage: www.nina-schmidt.de

Thomas Magnago

Kräfte des Lebens
Vom Wesen der Elemente

Thomas Magnago entdeckte nach tiefen spirituellen Erfahrungen seine Fähigkeit, die feinstofflichen Zustände des Lebens wahrzunehmen. Inspiriert durch die Kultur der Maoris in Neuseeland und seine Erlebnisse mit einem schamanischen Inka-Sonnenpriester im Dschungel des Amazonas vertiefte sich seine Verbindung zu den Kräften der Natur.

124 S. gebunden € 12,95

ISBN 978-3-946959-43-4

Tatjana Adams

Von Hühnern und Menschen

Was Hühner uns schon länger mal sagen wollten

Dass Delfine und Pferde, Hunde und Katzen überaus intelligente Wesen sind, gilt heute bei Tierforschern und Tierkommunikatoren als Tatsache. Auch, dass man mit ihnen "sprechen", sich telepathisch mit ihnen verständigen kann, ist nicht neu. Aber ausgerechnet mit Hühnern!? Die Gesprächsprotokolle in diesem Buch zeigen es auf erstaunliche Weise: Hühner sind nicht nur die pickenden, scharrenden, zänkischen Kreaturen, die sich kopfüber auf zugeworfenes Futter stürzen – sie sind wache, intelligente, ja sogar weise Tiere, die die Menschen gerne und sehr genau beobachten: in ihrer Geschäftigkeit und ihrem Hochmut ebenso wie in ihren Ängsten, Zweifeln und Lebenslügen.

156 Seiten € 10,50

ISBN 978-3-941435-22-3

Tatjana Adams

Die Weisheit der Bienen

Wie Honigbienen uns und die Welt sehen

Wie Honigbienen uns und die Welt sehen Bienen als hochintelligente, gemeinschaftsfähige Wesen, strotzen vor Kraft und Lebenslust. Doch leiden sie unter den bedrohlichen Eingriffen des Menschen in die Natur. Denn ohne Bestäubung keine Vermehrung, keine Früchte und keine pflanzliche, gesunde, kraftvolle Nahrung! Unbeirrt davon versuchen die Bienen, sich auf diese Veränderungen einzustellen und ihre Aufgabe im Kreislauf des Lebens so gut es geht zu erfüllen, als wollten sie uns daran erinnern: Unsere eigene Vitalität und Gesundheit können wir nur bewahren, wenn wir der Natur mit Respekt und Liebe begegnen.

142 S. viele Farbfotos € 14,90

ISBN 978-3-945574-67-6

Sonja Spitteler

Zauberreise

Schamanische Tiermärchen für Groß und Klein

Lange vor uns haben Tiere die Erde bevölkert. Sie tragen ein tiefes Wissen in sich, dessen Zauberkraft Sonja Spitteler in zwölf wunderschön illustrierten Geschichten an uns weitergibt. Büffel, die ihre Haut wechseln, Wale, die das ewige Lied der Weisheit singen, Rehe, die einen Pakt mit dem Wind schließen, und prächtige Vögel, die Licht und Schatten in sich tragen, um an die Gesetze des Lebens zu erinnern. Es sind die Tiere, die den Blick für das Wesentliche öffnen.

160 S. m. Zeichnungen € 14,00

ISBN 978-3-946959-42-7

Sonja Spitteler

Als der Efeu sich verliebte

Vom Zauber der Naturwesen

Quirlige Luft- und Feuerwesen, gutgelaunte Nymphen, schlechtgelaunte Feen, charmante Elfen, eigensinnige Riesen – Naturwesen sind uns Menschen in vielem gar nicht unähnlich. Sie haben Vorlieben und Abneigungen, verlieben sich, gründen eine Familie. Mitunter erzählen sie auch gern, sind weise (oder weniger weise), es gibt "Rebellen" unter ihnen und auch einige, die zu sich selbst gefunden haben.

230 S. € 14,95

ISBN 978-3-945574-18-8

Flavia Kate Peters

Die Kraft der Feen

Naturgeister reifen und mit ihnen arbeiten

Naturvölker und auch unsere Vorfahren wussten um die magischen Geheimnisse der Natur. Elfen, Feen, Gnome und andere mystische Wesen, die wir heute oft nur aus Märchenbüchern kennen, waren für sie Realität. Sie glaubten an ihre Kräfte und konnten mit ihnen in Kontakt treten, um von ihrem Wissen zu profitieren. Für unsere Augen verborgen leben diese Wesen auf einer feinstofflichen Ebene und arbeiten unermüdlich daran, die Schönheit und Balance der Natur zu erhalten.

204 S. € 19,90

ISBN 978-3-946959-96-0